LE MARCHÉ.

LA CONQUÊTE DU CAUCASE PAR LES RUSSES

I

La période légendaire du Caucase remonte à des âges préhistoriques très lointains. Partout, dans les vallées de la Transcaucasie, les ruines témoignent de ces origines reculées de la civilisation asiatique. Les temps mythiques de Jason et des Argonautes y ont laissé des traces et des échos. Les légions romaines qui luttèrent contre Mithridate y jonchèrent le sol de ces ossements grandioses qu'exhume, bien des siècles après, un soc de charrue. Plus tard, les soldats de Trajan vainqueur y vécurent en colons. Plus tard encore, Byzance y envoya ses généraux pour combattre les Sassanides. Puis vinrent les Arabes, qui y implantèrent l'islamisme; les conquérants mongols et turcs, qui y semèrent la désolation.

C'est du XVIe siècle de notre ère que datent les premiers contacts de la Russie avec le Caucase. Sous Ivan Vassillievitch la Géorgie, menacée par le sultan, se tourna tantôt vers le shah de Perse, tantôt vers le tsar, en sollicitant tour à tour ou simultanément leur protection. Il y eut alors, à diverses reprises, des alliances entre les chefs de la Kabarda et les Russes contre les Khans de Crimée. Cependant ces relations furent, en somme, insignifiantes jusqu'à Pierre-le-Grand. On connaît le plan de ce dernier : se rendre maître de la mer d'Azov et de la mer Noire, à l'ouest de l'Asie centrale, de la Caspienne à l'est, pénétrer dans la contrée comprise entre ces deux limites, s'y établir pour s'ouvrir un chemin vers les Indes. Une partie de ce programme fut réalisée par le grand tsar lui-même lorsqu'il s'empara de l'importante position de Derbent, sur la côte du Daghestan. Shah-Nadir le contraignit à se replier, mais la route était frayée. En 1774, la paix de Koutchouk-Kaïnardj donne à Catherine II la grande et la petite Kabarda. Les habitants résistent, se révoltent. Ils ne sont subjugués qu'en partie, et pour les tenir en respect on relie le Kouban au Terek par une ligne de défense ou d'attaque appuyée à des places fortes : Iekaterinoslav, Ghéorghievsk, Alexandrov, Vladikavkaz. En 1785, les Russes prennent pied dans le Caucase méridional par la soumission du roi de Géorgie, Héraclius, et celle du roi d'Imérétie, Salomon, qui deviennent des vassaux de la Russie. Celle-ci fait construire la route de Tiflis, indispensable à sa stratégie. La paix d'Iassy, imposée à la Porte en 1792, reconnaît aux tsars la possession du Kouban qui, dès ce moment, est le point de départ de leurs entreprises vers la Perse.

S'inspirant de la tactique des Césars romains, Catherine transporte les Kosaks du Don dans la contrée des montagnards rebelles du Caucase. La politique russe poursuit son œuvre avec ténacité. La guerre de 1811 fait tomber au pouvoir définitif d'Alexandre Ier les forteresses turques longtemps disputées d'Anapa et de Soukhoum-Kaleh. Grâce à ces positions, la Russie enserre le Caucase sur tous les points. Peut-être la Turquie, si elle avait pu compter réellement sur les Tcherkesses, qu'elle considérait comme des alliés, aurait-elle déjoué cette tactique. Mais ces nomades, après avoir agi pour le sultan au début de la guerre de 1829, jugèrent plus *utile* à leurs intérêts futurs d'abdiquer secrètement leur autonomie pour accepter la souveraineté russe. Ce pacte, ignoré de la diplomatie européenne, ne fut révélé que longtemps après la paix d'Andrinople. Par cette dernière convention, le sultan abandonnait aux Russes toute la frontière asiatique, depuis les bouches du Kouban jusqu'au fort Nicolaï, à l'extrémité sud de l'Imérétie.

« Nous possédons, dirent dès le lendemain les organes officieux du tsar, le Caucase tout entier, et notre droit de possession se base sur le fait même de l'occupation. Nous barrons l'accès au nord et au midi par nos territoires d'un même tenant, à l'est et à l'ouest par nos forts et garnisons. »

En réalité, la Russie n'occupait pas l'intérieur du pays ; elle n'y avait établi que quelques forts sur la grande route militaire de Mosdok à Tiflis. Aussi ses prétentions ne se trouvèrent-elles pas ratifiées dans le traité signé à Andrinople. Les populations caucasiennes du centre n'y étaient désignées que comme « limitrophes » des possessions russes, et les deux puissances contractantes s'engageaient même à se défendre contre « toute incursion et toute tentative de pillage » qui pourrait être opérée par des « voisins ». Il résultait, évidemment, de ces termes et de ces promesses d'assistance mutuelle, que le tsar et la Porte ne mettaient pas en doute l'existence du Caucase indépendant. La Russie tint néan-

(1) Les Tcherkesses ou Adighés habitaient le nord de la Circassie, et les Arabes ou Abkhajds le sud. Jadis constituées en souverainetés féodales, ces deux nations, unies par un lien fédéral, s'étaient à la longue séparées l'une de l'autre et par là même affaiblies. (L. Lanier : l'*Asie*, t. I. — Belin, Paris.)

moins cet aveu écrit venant d'elle-même pour lettre morte, et les cartes russes teintèrent, dès 1830, toute la Caucasie d'une couleur russe uniforme. Ces cartes ne pouvant être dressées et publiées sans l'autorisation et le concours du gouvernement de Saint-Pétersbourg, il était facile d'en conclure que ce dernier annexait virtuellement, dès cette époque, tout le Caucase central à l'empire russe, en attendant que le succès des armes vînt consacrer cette revendication. La Porte ne la contestait d'ailleurs que faiblement, et le reste de l'Europe y était indifférent.

L'étonnement fut grand quand, en 1836, David Urquhart, qui avait vécu deux ans au Caucase, révéla ce que l'on a depuis appelé l'intrigue russe. La publication, dans la presse anglaise, d'un document où les faits étaient exposés tels qu'ils se passaient produisit une sensation énorme. Les Tcherkesses y déclaraient qu'ils n'étaient point les tributaires, les serfs de la Russie, comme celle-ci s'en vantait; que personne n'avait le droit de faire au tsar cadeau de leur sol et de leurs âmes, que leur seul souverain était le sultan de Constantinople, et qu'ils haïssaient profondément ces Russes qui prétendaient les asservir, que les forteresses et les canons russes ne les effrayaient point et que « l'on n'a point soumis un peuple parce qu'on affiche cette victoire sur une carte erronée à dessein. » Urquhart ne se borna pas à cette révélation. Il organisa en Angleterre et entre autres à Glasgow, des meetings pour créer un mouvement en faveur de la cause tcherkesse. Il ouvrit dans les grands journaux de Londres une campagne contre la Russie, dont on contesta les droits sur la frontière d'Anapa à Nicolaï. Palmerston seconda sous main ces attaques et laissa, malgré l'interdit dont les Russes avaient frappé le litoral tcherkesse, un navire anglais, le *Vixen*, débarquer sa cargaison de sel dans la baie de Soudjouk-Kaleh. Le *Vixen*, commandé par le capitaine Bell, fut saisi et confisqué pour fait de contrebande. L'opinion anglaise s'irrita. C'était — sans jeu de mots — un *casus belli*. Mais le vieux Pam comprit que l'on aurait peut-être à perdre en poussant l'affaire aussi loin. Il aima mieux s'enfermer dans le silence, d'autant plus que le capitaine Bell et son équipage avaient été traités avec égards à Sébastopol. Les Tcherkesses eux, ne se résignèrent pas aussi simplement. Les nationaux britanniques qui habitaient la Caucasie septentrionale coururent des dangers. Peu s'en fallut qu'on ne leur fît expier les agissements du cabinet de Londres; ils ne durent leur sauvegarde qu'à la promesse de rester comme otages jusqu'à ce que les Anglais eussent d'une ou d'autre manière introduit dans le pays circassien la poudre, le plomb et le sel qu'ils s'étaient engagés à fournir. Ces engagements furent heureusement remplis par des fraudeurs, qui profitèrent du gros temps d'orage paralysant la surveillance exercée par les bâtiments russes. Sans cela, il y aurait eu fatalement un massacre général des sujets de la reine Victoria dans cette partie de la Circassie. Les Russes temporisèrent, se réservant de reprendre les hostilités de ce côté quand ils auraient terminé la conquête du Caucase oriental.

II

Ici la tâche se trouva hérissée de difficultés. Les montagnards du Daghestan étaient à la fois fanatiques et intrépides. Leurs deux principaux chefs, Gazy-Mollah et Schamyl-Aly, fondaient surtout leur autorité sur leur influence religieuse. Prêtres et soldats en même temps, ils proclamèrent la guerre sainte contre les Giaours. Tenant le Coran d'une main, l'épée de l'autre, Gazy-Mollah menait les tribus au combat, appelant hommes et femmes à la défense du pays. Ses premières victoires augmentèrent son prestige. Pendant deux ans, ayant Schamyl pour lieutenant, il fit preuve d'héroïsme et se couvrit de gloire. Attaqué par le général russe de Rosen et cerné dans Himry, il périt avec la plupart de ses compagnons. Schamyl échappa au massacre. « Son évasion tient du prodige. Doué d'une extrême agilité, il sauta d'un bond par dessus la tête des soldats qui assiégeaient la porte, en abattit plusieurs à ses pieds, et la poitrine, le dos troué de part en part d'un coup de baïonnette, l'omoplate et les côtes brisées d'un coup de pierre, il réussit à s'enfuir par les sentiers dérobés de la montagne. Un des siens le rejoignit, banda ses plaies et le porta à Ountzov-Kouli, chez son beau-père, Abdul-Aziz, réputé comme le le plus habile chirurgien du Daghestan. Après trois mois de souffrances, le blessé guérit et revint prendre sa place parmi les murides (1). » —

Aucun personnage épique ne fut célébré en Orient avec plus d'enthousiasme que Schamyl. Toutes ses actions tenaient au reste du merveilleux. Lorsqu'il paraissait, au milieu des tribus, entouré de sa garde, dont les fils des plus nobles familles du Daghestan avaient seuls le droit de faire partie et que l'on reconnaissait à leurs bonnets blancs, l'enivrement était indescriptible. On applaudissait le défenseur de la patrie et l'on exaltait le guerrier qui bravait tous les obstacles. Ses exploits audacieux se répétaient de bouche en bouche. Le nombre en était si grand que les narrateurs ne tarissaient point. Nous avons dit plus haut comment il se déroba en quelque sorte par miracle à la mort dans le combat de Himry. Cent autres exemples de sa bravoure se citaient à l'envi. Un jour, en 1839, le général Grabbe le tenait bloqué dans l'aoul d'Aghuleko. Grabbe, fier de sa tactique, s'était empressé de mander à Saint-Pétersbourg qu'il ramènerait Schamyl mort ou vivant. Le héros aurait inévitablement dû capituler, les Russes attendant l'arme au bras que la faim le forçât de prendre cette résolution. Un stratagème le sauva. Par une nuit noire, au sein d'une tempête, deux barques, retenues par de fortes amarres, glissèrent doucement le long du rocher qui surplombait le Soulak, et au haut duquel était perché l'aoul. Dans ces barques, sous des peaux de moutons, étaient cachés Schamyl et les plus valides de ses compagnons. Les Russes, avertis par les sentinelles, tirèrent sur les fugitifs, mais ne les atteignirent point, les projectiles s'amortissant sur les peaux faisant matelas. L'évasion put s'effectuer ainsi sous les yeux

(1) « L'islamisme, introduit dans le Caucase par les conquérants arabes du VIIe siècle, s'y était partout répandu et partout conservé pur de tout mélange. Mais les croyants, là aussi, se divisaient en sunnites ou orthodoxes, et schiites ou hérétiques. La doctrine du *muridisme* tenta de les réconcilier. Elle ramenait tous les *murides* (disciples) au respect et à l'obéissance envers les enseignements du guide ou maître (*mourschid*); elle prescrivait l'égalité absolue dans l'ordre social et politique; elle anéantissait toute distinction ou prérogative. Elle fut adoptée avec enthousiasme par les clans montagnards, façonnés depuis longtemps au régime démocratique. Un vertueux cadi, Mollah-Mohammed, fut le premier apôtre de la nouvelle religion, Gazy-Mollah et Schamyl lui succédèrent. » (LANIER.)

même de Grabbe,qui ne se doutait point de la ruse.Le lendemain, la ville se rendit. On n'y trouva que quelques malades, des mourants, un tout petit nombre de guerriers dont la faim avait déjà fait des cadavres vivants. Pendant ce temps Schamyl et ceux qui étaient avec lui gagnaient la montagne. Sa sœur Fathime, docile à ses ordres, plutôt que de tomber aux mains des vainqueurs, se précipita dans le torrent et y périt.

La guerre du Caucase dura vingt-neuf ans. Commencée dès 1830, elle fut poursuivie, après la mort de Gazy-Mollah, d'abord par l'imân (chef suprême) Hamzat-Bek, qui, en 1834, tomba sous le poignard d'assassins. Proclamé imân, Schamyl transforma ses bandes irrégulières en armée disciplinée et substitua une législation équitable aux anciennes coutumes barbares. Il organisa le service militaire, créa une artillerie, établit une fonderie de canons, ranima les courages par l'exemple de sa sévérité pour lui-même autant que pour les autres et institua une dictature basée exclusivement sur les vertus patriotiques, sociales et morales. Cette attitude lui permit de tenir les Russes en échec pendant un quart de siècle. Les 250,000 hommes envoyés contre lui, les meilleurs généraux, les plus solides régiments furent impuissants, jusqu'au jour où le prince Michel Semenovitch-Voronzof, gouverneur général du Caucase, changea ses plans, en enveloppant peu à peu l'imân dans un cercle de fer et en l'attirant au nord du Kouban, où il fut écrasé.

La campagne de 1858-1859 lui fut fatale. L'aoul fortifié de Veden, où il avait établi sa résidence, ayant été enlevé d'assaut par les Russes, il chercha un refuge sur un plateau isolé, large de cinq à six kilomètres, entouré par un torrent. Le prince Baratinski, chargé des opérations, le somma de se rendre. Il disputa chèrement sa vie et se battit avec fureur; mais quand il comprit que toute résistance était vaine, il se livra avec quelques-uns de ses compagnons. Les Russes lui laissèrent la vie sauve. Transporté à Saint-Pétersbourg, il y fut accueilli en héros et non en vaincu. Le tsar Alexandre II lui donna une pension de 10,000 roubles et lui fit oublier sa captivité dans Kalouga, où on l'interna avec les princes et les princesses de sa famille. Schamyl mourut en 1871. Ce fut la fin de la grande épopée du Caucase oriental. La défaite de l'imân permit aux Russes de se retourner contre les Tcherkesses. Semenovitch Voronzoff triompha d'eux plus facilement que de Schamyl. Au vrai, il n'eut qu'à les refouler devant ses régiments avançant pas à pas, et qui les acculèrent à leurs rochers.

Au lieu d'une guerre on eut le spectacle lamentable d'un exode accompli dans les circonstances les plus navrantes(1). Les Russes traquaient les fugitifs sans pitié, les chassant vers la mer Noire pour faire occuper leur pays par des colonies de Cosaques. Ainsi disparut la nationalité tcherkesse(2). Celles des tribus circassiennes qui acceptèrent avec résignation la loi du vainqueur et consentirent à perdre jusqu'au souvenir de leur pa-

(1). Il faut lire ces scènes dans le remarquable article publié à l'époque où elles eurent lieu dans les journaux du temps, et résumées par E. Dulaurier dans son remarquable article de sa *Revue des Deux Mondes* (15 décembre 1865).

(2) « J'ai vu, dit le commandant Napoléon Ney, au palais d'Yldiz-Kiosk. comme aide de camp du sultan à Constantinople, un fils de Schamyl, beau jeune homme de vingt-neuf ans, vêtu du costume cesghien avec sa tcherkesse et le papak en peau de mouton. Il accompagnait le sultan aux dévotions du vendredi, au sélamlik, mêlé aux maréchaux et aux grands officiers du palais. »

trie purent occuper des localités dans les montagnes, où on les interna.

Le passé du Caucase était à jamais effacé de la mémoire de ses habitants. Ils n'avaient plus le droit de penser qu'à l'avenir, et, cet avenir, c'était la Russie seule qui le leur traçait :

« Un grand voyageur de mes amis, dit M. Napoléon Ney, m'a raconté qu'à un de ses derniers voyages à Saint-Pétersbourg, il fut invité à dîner dans un cercle par un Russe qui ajouta, à titre de curiosité : — « Vous « trouverez là un fils de Schamyl. » — Mon ami, qui s'attendait à voir un Circassien fier et farouche, vaincu mais non gagné, courbé sous l'implacable mektoub de la fatalité musulmane, et acceptant avec la résignation du « fidèle » sa nouvelle situation, un fils de Schamyl, en un mot..., vit entrer un général portant les aiguillettes d'aide de camp de l'empereur, qu'il eut été impossible de distinguer des autres généraux russes. » En réalité, la fusion entre Russes vainqueurs et populations caucasiennes vaincues s'est opérée rapidement. On en a la preuve dans l'entente parfaite en ce qui concerne l'organisation militaire du Caucase entre les officiers et soldats russes, d'une part, et les divers éléments indigènes d'autre part. Rien n'est plus significatif et plus concluant sous ce rapport que les ordres du jour du prince Doudoukow-Korsakow, qui fut l'un des premiers chefs de la circonscription militaire du Caucase, après que l'ukase de 1887 eut rendu obligatoire pour tous les Caucasiens valides la présence sous les drapeaux pendant une période de service déterminée. Le prince constatait, en effet, que les milices indigènes du Caucase, quoique récemment organisées alors, et existant seulement depuis quelques mois à peine, armées de la veille pour ainsi dire, se présentaient devant lui dans un état brillant. « Ce sont, disait-il, des troupes de combat toutes prêtes d'une parfaite consistance homogène. » Et il ajoutait que les représentants de races diverses, officiers et soldats russes d'un côté, miliciens indigènes de l'autre, vivaient dans un accord fraternel et en bonne amitié. Tant il est vrai que, dans certains cas et sous certaines influences, l'âme même d'un peuple peut subir la loi fatale des transformations que lui imposent les maîtres au profit desquels évolue l'humanité. Résultats heureux d'ailleurs, quand ces maîtres sont avant tout des civilisateurs, comme les tsars depuis Alexandre II.

Charles SIMOND.

PONT DE PIERRE DE LA KOURA A TIFLIS.

TIFLIS (1)

LE CAUCASE

Nous sommes à Tiflis où nous venons d'arriver à dix heures du soir. Il tombait une pluie fine et serrée quand, quittant la gare sous la conduite du drogman, je pris un de ces équipages excellents, voiture de place comme on en trouve partout en Russie d'Asie et en Russie d'Europe, qui me conduisit rapidement à l'hôtel du Caucase, situé à l'autre extrémité de la ville. Je me suis demandé souvent comment ces équipages faisaient pour vivre dans les petites localités, où les distances ne nécessitent pas des courses en voiture. L'explication m'en a été donnée. Outre la paresse naturelle aux Asiatiques, qui aiment volontiers se faire véhiculer, la voiture est là-bas un plaisir, une distraction, les dimanches et les jours de fêtes, pour les petits bourgeois et même pour les gens du peuple. Elle remplace le café ou la brasserie. Au lieu d'aller boire des bocks, comme ferait une famille allemande, de se promener à pied au bois de Vincennes ou au bois de Boulogne et de revenir en omnibus comme ferait une famille parisienne, les petits bourgeois de Tiflis prennent, le dimanche et les jours fériés, nombreux dans le calendrier russe, une voiture moyennant quelques kopeks.

(1) Ces pages sont extraites de l'ouvrage intitulé *En Asie Centrale à la vapeur*, (Paris-Samarkand), par le commandant Napoléon Ney, (Garnier frères libraires-éditeurs, Paris). Reproduction gracieusement autorisée par l'auteur et les éditeurs.

La gare de Tiflis, comme presque toutes les gares russes, est située assez loin de la ville. La partie basse que je traverse avant de franchir le pont sur la Koura me paraît assez jolie. Il y a de

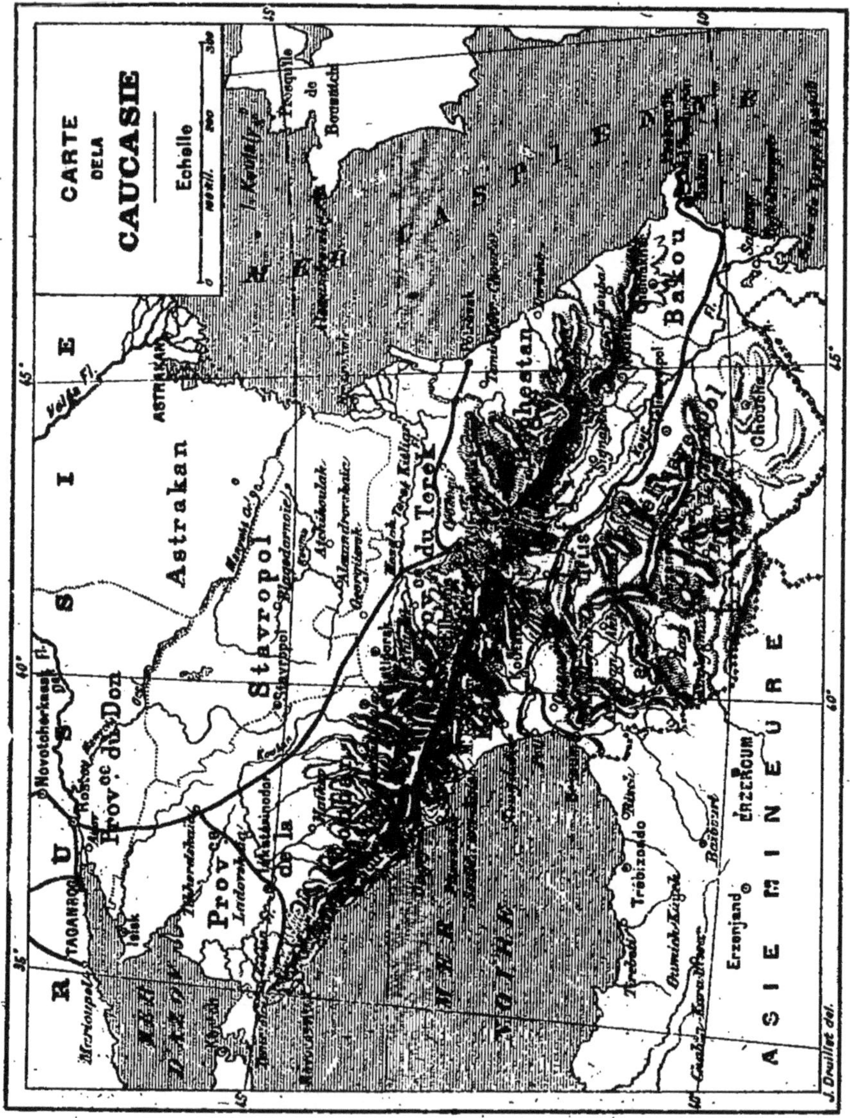

nombreux magasins russes, grecs, arméniens. C'est ici que sont les lieux de plaisir. Voici le Jardin d'Europe où, quand il fait beau, on joue l'opérette.

Plusieurs colonies étrangères de Tiflis y célèbrent leur fête natio-ale, m'a dit mon guide. La *Marseillaise* et le *Wacht am Rhein* y ésonnent tour à tour. Il est onze heures du soir et il pleut à

VUE DE TIFLIS (AVANT LA CONQUÊTE RUSSE).

verse. Les lanternes du Jardin d'Europe n'ont pas même été allumées. Poursuivons notre chemin... D'ailleurs, je ne sais rien d'aussi maussade qu'une ville inconnue, le soir par un temps de pluie. L'œil n'est attiré par rien; l'esprit ne se rattache à aucun souvenir.

J'ai parlé de colonies tout à l'heure. Nous sommes, m'apprend encore mon guide, dans la partie de Tiflis qui porte ce nom : « la Colonie ». Un des faubourgs est exclusivement peuplé d'Allemands originaires du Wurtemberg. Or une colonie allemande ne va pas sans brasserie. Ce qui explique que Tiflis en possède une, très fréquentée par les Allemands, qui sont ici plus de deux mille, par les Russes, les Arméniens, voire même les Géorgiens. Je n'ai pas entendu dire que les Allemands de Tiflis, dont la plupart s'occupent de culture, aient pris à l'égard des colonies étrangères, et en particulier de la colonie française, plus restreinte comme nombre, cette attitude arrogante qui est si justement reprochée aux Allemands dans certains pays. Ils sont travailleurs et ne font pas de bruit. A ce point de vue, la colonie française, beaucoup moins nombreuse et très honorable, n'a rien à envier à la colonie allemande.

La pluie tombe toujours. Nous passons devant le jardin public, devant le palais du gouverneur, devant le cercle arménien. Nous voici sur la place du théâtre. La voiture s'arrête à l'hôtel du Caucase. Nous descendons au milieu d'une boue gluante, en bénissant les *snow-boots* qne nous avons aux pieds, précieux cadeau que nous dûmes à la munificence de la municipalité de Mont-Réal (Canada), un jour qu'il y pleuvait comme aujourd'hui à Tiflis...

Avant d'entrer à l'hôtel, et tandis que je paye la voiture, passe un tramway !,.. Je monte me coucher sur cette première impression d'Asie : Un tramway à Tiflis, la vieille cité persane, l'ancienne citadelle géorgienne... Voilà le progrès !

Pendant mon sommeil, voulez-vous quelques détails sur Tiflis ? Son véritable nom est Tiflis-Kalaki, c'est-à-dire la ville chaude. Il existe, en effet, à Tiflis, des eaux thermales, grâce auxquelles la ville peut offrir au voyageur ses fameux bains persans, célèbres dans la Russie entière, et dont Alexandre Dumas a parlé avec tant d'enthousiasme.

Remarquons, en passant, l'analogie de noms de certaines villes célèbres par leurs eaux termales. Les Romains avaient en Numidie Thibilis et ses *thermæ thibilitanæ*, aujourd'hui Hammam-Meshoutin (les bains maudits) dans la province de Constantine, — où nous avons, mes amis de Saint-Clair, de Villers et moi, fait nos expériences de ramie. Outre Tiflis la géorgienne, Tœplitz en Bohême doit avoir la même origine avec ses eaux chaudes. Je dis les noms qui viennent au bout de ma plume...

La Koura, qui débouche d'une tranchée étroite et profonde, sépare la ville en deux parties inégales et coule dans un lit bouillonnant au fond d'un gouffre. Penchée sur cet abîme, étagée aux flancs de la montagne, descendant jusqu'au fond du précipice, la ville effarouchée s'est installée où elle a pu, au grand triomphe du pittoresque. Trois ponts relient les deux parties de la ville. Les deux premiers appartiennent à la ville asiatique; le troisième à la ville russe et européenne. Le monde officiel habite sur la rive droite. C'est le beau quartier. Les rues y sont larges, bordées de vastes trottoirs et ne diffèrent en rien de celles d'une cité européenne de premier ordre. Dans le vieux Tiflis, au contraire, au milieu des Tatares et des Persans qui l'habitent, on se sent transporté en plein Orient.

« Les ruelles poussiéreuses, tortueuses et escarpées; des maisons aux toits plats avec balcon en saillie et qui semblent juchées les unes au-dessus des autres ; un bazar où toutes sortes de curiosités, des vieilles armes aux formes bizarres, des bijoux, des gaines et des ceintures en argent niellé; des étoffes brodées, des fourrrues d'Astrakan, des tapis de Perse, attirent à chaque pas l'attention du promeneur et sollicitent sa bourse. Une antique et formidable citadelle ruinée, dont les murailles et les tours crénelées semblent le prolongement naturel des rochers grisâtres avec lesquels elles se confondent : tout cela forme un ensemble des plus intéressants et éminemment pittoresque. Enfin, bien que le gris soit, à Tiflis, la couleur dominante, le ciel y est si pur et la lumière si éclatante, que l'on éprouve un réel plaisir à contempler ce singulier paysage; surtout lorsque, de l'un des ponts de la Koura, on aperçoit, à plus de cent cinquante kilomètres à vol d'oiseau, la silhouette éternellement blanche de l'imposant Kasbeck, dont les glaciers étincellent sous les ardents rayons du soleil... » Ce tableau très réussi est de mon collègue Cotteau qui, l'année dernière, est allé en Asie se promener jusqu'à Merv.

Les principales rues de Tiflis dans la ville haute et dans la ville basse sont desservies par le tramway dont je parlais tout à l'heure, appartenant à une Compagnie belge et qui fonctionne depuis trois ans avec régularité. L'entreprise donne d'excellents résultats financiers.

L'Orient offre d'ailleurs de ces surprises. Débarquant à Smyrne il y a six ans avec ma femme, le premier objet qui frappa nos yeux sur le quai, fut un tramway attendant les voyageurs. Enfin, Constantinople n'a-t-il pas, lui aussi, eu ses lignes de tramways bien des années avant Paris ?

Les deux journées que j'ai passées à Tiflis ne m'ont pas laissé le temps de l'étudier en détail. J'ai dû borner mes visites au bazar, au musée, au jardin botanique, au restaurant oriental et aux bains persans. Je crois cependant avoir emporté de Tiflis une impression assez complète et assez exacte; heureux si le lecteur partage mon sentiment.

La première pensée du voyageur en Orient, quand il arrive dans un nouvel endroit, après avoir été chercher ses lettres à la poste, est « d'aller au bazar ». Que les achats qu'il se promettait de faire soient terminés ; que sa bourse soit vide; que les bazars qu'il a vus dans les autres villes surpassent en réputation celui de l'endroit où il se trouve, peu importe ! Il ira malgré tout « au bazar ». J'imagine, après l'avoir éprouvé moi-même, qu'il y a à ce sentiment une double raison inconsciente. C'est d'abord l'espoir de trouver, de découvrir dans cette nouvelle visite un objet curieux : tapis, armes, objets de fantaisie ou bijoux échappés aux investigations des visiteurs précédents.

MUSULMANE DE TIFLIS EN PROMENADE

Il y a encore cette réelle suggestion inexpliquée qui pousse l'homme à rechercher et à voir les objets de toute sorte présentés à notre curiosités et à notre désir. Le résultat est le même que celui des visites de nos dames parisiennes aux magasins de nouveautés, au *Louvre* ou au *Bon-Marché*. Entrées avec l'intention de ne rien acheter elles en reviennent chargées d'emplettes... Il en est de même au bazar. Les convoitises satisfaites ne prennent fin souvent, à part les voyayeurs les plus sages, qu'avec la fin de la lettre de change ou la fâcheuse impossibilité d'emporter avec soi les achats désirés, faits ou à faire.

Le bazar de Tiflis, si on peut lui donner ce nom, ne mérite pas sa réputation. Ce n'est pas comme à Constantinople, le Bézestan, un quartier spécial avec ses galeries couvertes, ses boutiques où l'on vous offre le café brûlant, ses cours intérieures où sont les magasins et les entrepôts, et les coupoles rondes de ses carrefours, éclairées par en haut, où la lumière traverse des verres de couleurs : véritable ville dans la ville, métropole des commerçants. Il n'a ni la riche architecture des bazars de Damas, fondation pieuse de riches musulmans, ni l'importance et la variété des bazars du Caire, qui étaient, il y a quelques années et sont encore aujourd'hui les plus curieux à visiter. Toutefois, les rues de Tiflis où demeurent les marchands arméniens, géorgiens, persans et tartares valent la peine d'être vus.

Les rues des armuriers, des ciseleurs, des marchands de tapis, des cordonniers, des orfèvres, se prolongent et sont voisines.

L'orfèvrerie est surtout en honneur. Il arrive parfois de Perse à Tiflis des pierres précieuses : turquoises, émeraudes, rubis, qu'on

SOLDATS CAUCASIENS.

trouve chez les marchands ; dont l'origine de propriété n'est peut-être pas toujours très orthodoxe et qui sont vendues à très bon marché. Un de nos amis a acheté pour six roubles (moins de vingt francs) une turquoise de roche qu'il a fait porter à Saint-Pétersbourg chez un bijoutier, qui l'a estimée deux cent cinquante roubles. Comme mon ami souriait, le joaillier lui a offert de l'acheter ce prix séance tenante...

Mais ces occasions sont rares. Là où excellent les habiles ouvriers de Tiflis, ce sont dans les travaux d'argent niellé. — On donne à ces objets le nom de « travail du Caucase », comme on dit le « travail de Moscou » pour les objets à sujet qui viennent de Toula. D'ailleurs, la consommation au Caucase d'objets en argent niellé est considérable. On les emploie à tout et partout : aux manches, aux fourreaux ornementés des kandjars ou des poignards; aux étuis à cartouche qui garnissent la poitrine de tout Tcherkesse; aux ceintures ornées, tissées de fil d'or ou de fil d'argent; aux agrafes des vêtements ou des bourkas, épais manteaux en poil de chameau feutré qui défient la neige et la pluie.

On trouve à Tiflis en abondance les tapis, soieries et étoffes de Perse. Accompagné au bazar par M. Eychenne, le gérant de notre consulat, j'ai acheté, grâce à lui, chez un vieux Persan visité souvent par les étrangers — à d'excellentes conditions, — deux grands tapis anciens des plus estimés : un de Perse, l'autre des Tokkés. Mon vendeur m'a dit, ou plus exactement m'a fait dire — car je ne parle pas le persan — qu'il se promettait bien de venir à l'Exposition de Paris... Vous serez le bien venu, monsieur le Persan !..

Ces Persans sont vraiment un peuple très aimable. Je ne peux me défendre pour eux d'une certaine sympathie. On les appelle, ils se disent eux-mêmes « les Français de l'Asie... »

Il y a une autre raison à mon sentiment. Moralité de marchand à part, les Persans qui vendent dans les bazars d'Orient sont généralement doux, souriants, polis, gracieux même. Alors que les autres Musulmans sont vis-à-vis de l'acheteur froids, indifférents, glacés, impassibles, le Persan fait des frais... sans forcer cependant la note. Puis ce sont des rêveurs, des liseurs. Souvent, quand on s'approche de sa noire boutique, le Persan est absorbé par une lecture qu'il interrompt pour saluer son visiteur. Le livre reste ouvert devant lui. Un Arménien, un Juif ou un Turc aurait sous les yeux un grimoire couvert de chiffres où le marchand compulse à chaque heure du jour son doit et son avoir. Ici, tout au contraire, si vous regardez le livre, vous y verrez des caractères joliment calligraphiés, des images délicatement peintes, des lettres ornées et des encadrements gracieux. Vous y verrez des rosiers couverts de roses, des arbres chargés de fruits, dans les branches desquels perchent des oiseaux aux plumages éclatants. Ce n'est sûrement pas un registre de commerce. Le livre raconte quelque histoire d'amour de prince ou de riche marchand. C'est sans doute un récit des *Mille et une Nuits*, contes arabes, ou des *Mille t un Jours*, contes persans. Quand il a ce talisman sous les yeux, le lecteur oublie son échoppe enfumée, la vie réelle, et se trouve transporté dans le monde doré du rêve.

A Constantinople, à Trébizonde, à Tiflis, à Bakou, dans les bazars de Samarkand et de Bokhara, j'ai retrouvé aux mains des Persans ces livres enluminés à images et à vignettes... Cette fleur de poésie, épanouie dans une sombre boutique de marchand, m'a paru bonne à noter en passant.

Mes amis m'avaient vivement engagé à voir le musée de Tiflis, une des curiosités de la Transcaucasie. Auparavant, désirant me mettre en règle avec les autorités, j'étais allé le matin de mon arrivée rendre visite au gouverneur général, l'aide de camp général prince Dondoukow Korsakow. Il était à Saint-Pétersbourg. Je laissai ma carte. De là j'allai au bazar et l'après-midi au musée.

Le musée Caucasien est certainement ce qu'il y a de plus curieux à voir à Tiflis. Il date de quelques années à peine. Son directeur est un savant distingué, le docteur Radde, que j'ai eu le regret de ne pas voir à Tiflis. Il était absent lors de mes deux passages. On lui doit en grande partie l'initiative et la création de son intéressant musée. Le grand-duc Michel, alors lieutenant de l'empereur au Caucase, a soutenu et encouragé ses efforts intelligents. Le docteur Radde est un des grands explorateurs de la chaîne du Caucase et des monts d'Arménie, qu'il a étudiés au point de vue de la géologie, de l'histoire naturelle et de la botanique.

J'ai eu le plaisir de visiter le musée de Tiflis en l'agréable compagnie de M. Eychenne, gérant, toujours aimable pour les Français de plus en plus nombreux, qui chaque année visitent le pays. M. Eychenne est un ancien écrivain de la presse parisienne, entré dans les consulats par la carrière du journalisme et qui a su conquérir très vite une situation estimée parmi les agents du ministère des Affaires Étrangères. Il est très aimé par la colonie française où il a ramené l'union et la bonne intelligence.

Le musée de Tiflis est visible trois fois par semaine : le lundi, le vendredi et le dimanche, moyennant une faible rétribution (20 kopeks). Les élèves des écoles civiles et militaires peuvent, par classes, visiter le musée à la condition d'être accompagnés de leurs maîtres. Le directeur fixe le jour et l'heure de la visite. La direction du musée délivre aussi des billets annuels de famille au prix de deux roubles par personne.

Par ce qui précède, on peut voir le désir affirmé de donner de l'attrait et du prix aux visites du musée, qui est d'ailleurs fort intéressant. Les Russes, qui ont été nos devanciers et nos initiateurs dans « les leçons de choses » si fort en usage aujourd'hui dans nos écoles, ont appliqué ce principe au musée de Tiflis d'une manière très attrayante, très curieuse, et en même temps fort instructive, que nous n'avons pas vue employée ailleurs.

Le vestibule et les quatre grandes salles du rez-de-chaussée sont consacrés à la géologie et à la zoologie du Caucase. Nos lecteurs nous pardonneront de ne pas entrer dans des détails techniques qui nous mèneraient trop loin. Comme ordonnance rudimentaire et classement décousu, cette partie du musée me rappelle, par son désordre, le Smithsonian Institute de Washington.

Les collections sont d'une extrême richesse. Le Caucase est à

CAUCASIEN (TYPE DE SOLDAT AVANT LA CONQUÊTE RUSSE).

lui seul un monde. Ses montagnes offrent à la fois une variété infinie de minéraux en même temps que des échantillons de tous les métaux. Ses profondes vallées fournissent au naturaliste le spécimen d'une grande quantité d'animaux, poil et plume, dont plusieurs sont particulières à la région. Des vitrines horizontales occupent le milieu des salles. Les murs sont garnis de profondes et hautes armoires vitrées où sont gardés les objets du musée. Des cartes géologiques, des tableaux explicatifs, des vues pittoresques couvrent les surfaces vides.

Les salles du rez-de-chaussée, dont je parlais tout à l'heure, où l'on prend des « leçons de choses », sont très curieuses. Nous pénétrons dans un salon de figures de cire, une sorte de musée

VUE DE KOUBATCHI.

Grévin. Chacun des grands mammifères est placé dans son décor. Un cerf est aux écoutes, son pied délicat se soulève. L'animal est prêt fuir, la tête inclinée de côté. Il foule aux pieds des herbes. Le mur, peint avec beaucoup d'art, donne, à la détrempe, l'illusion d'une forêt.

Plus loin, un tigre du Caucase bondit, au milieu des roseaux, sur la croupe d'un sanglier. Les animaux paraissent vivants. C'est un panorama véritable où l'illusion est complète, avec le sable, les roseaux, le sang brunâtre qui a noirci le sol... et les oiseaux qui s'envolent effrayés.

Des ours marchent au milieu des rochers. L'un monte sur un arbre, l'autre est à quatre pattes et mange des fruits.

A l'autre extrémité de la salle, une autre scène très saisissante et réaliste à la fois. Sur le sable jaune de la steppe : un paysage qui s'étend au loin et se prolonge sur la toile, triste et monotone, des chacals se disputent les restes d'un chameau mort. Chacun mange avec voracité un morceau de chair sanglante. Le pauvre animal est éventré, couché sur le côté, pendant que les chacals dévorent : à côté d'eux, tout à sa sinistre besogne, un grand vautour, la serre crispée sur la tête du chameau, ronge les yeux à ce nouveau Prométhée. Cette scène réaliste et naturaliste, composée et exécutée avec beaucoup d'art, est poignante. L'enfant que vous mènerez la voir ne l'oubliera certainement pas, non plus que le spectacle très amusant qui l'attend quelques pas plus loin dans la rotonde des oiseaux aquatiques.

Sur un des côtés de la salle, arrondi en forme d'hémicycle, est peinte avec beaucoup d'art une immense volière dont il semble que le visiteur occupe le centre. Une pièce d'eau en garnit le milieu. L'eau est représentée par des plaques de cristal aux reflets irisés, sur lesquelles ont été semées de place en place avec beaucoup d'art des herbes aquatiques. Sur cette pièce d'eau semblent nager dans des directions différentes toutes les variétés de canards, de cygnes aux vêtements brillants ou sombres du Caucase.

Les autres oiseaux (il y en a plus d'une centaine) sont disséminés au hasard jusqu'aux pieds du visiteur sur un gazon vert, séparé seulement par un grillage en fer du plancher de la salle. Ce mélange de mise en scène, ces panoramas et ces animaux empaillés avec talent sont vraiment très curieux, très amusants et très instructifs.

Et je recommande le procédé aux conservateurs de nos musées comme facile, peu coûteux et d'un résultat certain.

Il faut savoir se borner, d'autant que le premier étage nous attire et qu'il contient aussi des spectacles très intéressants. A l'entrée de la première salle voici deux canons pris à Shamyl, dans le Daghestan ; puis des armes géorgiennes, circassiennes, lesghiennes, des instruments de musique, des vêtements de tout genre, des bijoux d'or et d'argent, de vieux étains, des ustensiles de ménage, des vases en ardoise ou en grès, des modèles en bois pour l'impression des étoffes... Je passe sur une infinité d'objets curieux et pittoresques. Voici — nouvelles figures de cire — la répétition pour les hommes, en grandeur naturelle, des groupes que nous avons vus en bas, composés d'animaux. Ils représentent des traits de mœurs ou des types particuliers.

La *lesghinka* (lesghienne) est la danse nationale : groupe de sept personnages. La toile du fond peinte représente un site sauvage. Au premier plan, la porte ouverte d'une cabane. Devant la maison, un vaste espace découvert où dansent les personnages. Des ormes touffus au fond de la scène ; au second plan, des montagnes couronnées de forêts. Sur une éminence, peinte au milieu de la toile de fond, apparaissent les ruines d'une forteresse géorgienne sans doute. Les personnages sont trois hommes et quatre femmes. Un vieillard à barbe blanche, assis sur un tronc d'arbre, regarde danser les jeunes gens. Il voit repasser devant ses yeux les heures joyeuses de sa jeunesse. Les deux autres hommes jouent, l'un d'une balalaïka, sorte de mandoline, l'autre souffle dans une flûte. Une des femmes frappe sur un tambourin, tandis que les deux autres se font face en battant des mains et en dansant l'une devant l'autre. C'est la même danse populaire que j'ai vu danser par deux femmes à Bakou dans la baraque de saltimbanques.

Je ne puis — on le comprendra sans peine — décrire tous les groupes l'un après l'autre : il y en a plus de vingt. Inutile d'ajouter, n'est-ce pas ? que tous ces vêtements et accessoires, armes, bijoux, instruments de musique, ustensiles de ménage, etc., sont d'une scrupuleuse exactitude. Voici encore un combat d'enfants cosaques — un groupe de montagnards apkases ; le cortège d'un prince géorgien et sa famille ; — des marchands arméniens ; — des Parsis adorateurs du feu ; — des Tekkès du pays Turkoman ; — des Turkmènes, des Kurdes, des Lesghiens de Shamyl, etc., des types géorgiens, imérétiens, mingréliens et gouriels dansant la « lesghinka ». On voit des groupes de montagnards chrétiens d'origine géorgienne : Khewsours, Pchaves, Touchines, Swanes et Ossétiens. Puis des groupes composés d'Abadsegs et de Kabardiens. Tous ces mannequins armés, aux vêtements de couleur bigarrée, semblent vivants. Disséminés dans les diverses parties de la salle, ils produisent un singulier effet qui laisse bien en arrière le musée des Janissaires à Constantinople.

Dans la galerie qui précède, cinq peintures murales reproduisent les légendes dont le Caucase a été le théâtre et le portrait de deux personnalités historiques de la Géorgie : David le libérateur et la reine Tamara.

Le premier tableau représente Prométhée enchaîné sur le Caucase et pleuré par les Océanides. Le jour naissant éclaire à peine le premier plan du tableau ; à l'horizon paraît l'aurore aux doigts de rose. Prométhée, rongé par l'impitoyable vautour, montre le poing au monstre qui fond sur lui. Son visage porte les traces de la colère et de la douleur. A ses pieds sortent des vagues du Pont-Euxin les quatre Océanides, la tête ornée de coraux. Leur visage exprime la compassion.

Deuxième tableau : l'arrivée des Argonautes en Colchide. Une trirème antique vient d'aborder sur la rive du Phase. Un des rameurs s'efforce d'arrimer le navire *Argo*, que les flots semblent écarter du rivage. Sur la poupe est Jason. « L'artiste, nous dit le guide, a eu la délicate pensée de donner à Jason les traits augustes de Son Altesse le grand-duc Nicolas Nicolaïevitch. » Il montre de la main à ceux qui l'entourent la patrie que les Grecs ont dû quitter pour aller en Colchide, contrée inconnue. Aëthe, accompagné de ses deux filles, vient au-devant des navigateurs, monté sur un char traîné par deux coursiers fougueux.

ARMES CAUCASIENNES
PISTOLET ET POIRE A POUDRE.

Les derniers tableaux, compositions moins importantes, représentent Jason et Médée, personnages en peplum et costumes grecs aux visages très augustes sur le seuil du temple d'Hécate, paysage de convention. Ici se termine la légende de la Toison d'or.

Plus loin, le patriarche Noé plante les premières vignes. Au fond, la vallée de l'Araxe et le sommet des deux Ararat.

Ensuite viennent les Amazones. De jeunes femmes, belles créatures aux cheveux noirs, vêtues en costume de guerriers péruviens, la lance au poing, montées sur des chevaux sauvages, s'élancent pour combattre.

Nous voici au tableau représentant la reine Tamara.

La reine Tamara est la popularité géorgienne la plus incontestée. Elle était contemporaine de saint Louis et comme lui, mais plus heureusement, fit une guerre acharnée aux Musulmans.

De même qu'en Normandie tous les vieux châteaux ont appartenu à Robert-le-Diable, en Géorgie tous les vieux châteaux ont appartenu à la reine Tamara. Pour mon compte, j'en ai rencontré

VUE DE TIFLIS. — FORTERESSE ET CARAVANSERAIL.

deux, pendant le court séjour que j'ai fait au Caucase : à Mzket, premier relai en partant de Tiflis, sur la route militaire de Géorgie, et à Goudaour, où j'ai cherché — Alexandre Dumas a cherché avant moi -- une histoire de la reine Tamara. Il n'existe que des traditions vagues et une pièce de vers de Lermontow, toute de fantaisie, créée par l'imagination du poète.

David III, surnommé le Sage ou le Libérateur, a régné sur la Géorgie au commencement du douzième siècle. Il a battu les Arméniens, les Turcs, les Persans, a soumis les montagnards que nul n'avait domptés avant lui et a poussé ses conquêtes jusqu'à la mer Caspienne. Il dévasta la ville de Derbend et lui enleva ses portes de fer qu'il déposa dans un monastère de Géorgie (1), où on peut les voir encore aujourd'hui. Comme la reine Tamara, le roi David le Libérateur est devenu un héros de légendes diverses et nombreuses, amoureuses et guerrières, que redisent encore à la veillée les montagnards et les rapsodes géorgiens.

Les bains persans de Tiflis, surtout les bains Mirzoëf, établissement le plus considérable, dont les locataires payent cent mille roubles par an, jouissent d'une réputation si grande que tout étranger va leur faire une visite pour ainsi dire obligée, dont les fatigues du voyage augmentent l'opportunité. Les bains maures, dont chacun a éprouvé les effets salutaires depuis que le Hammam existe à Paris, sont une pâle copie des bains persans, dont le pittoresque et les merveilleux effets ont été décrits avec beaucoup d'exactitude et de brio par Alexandre Dumas. Après avoir lu le maître conteur, nous ne pouvons que lui laisser la parole, tant l'impression est juste et conforme à la nôtre.

« ... L'intérieur du bain est d'une simplicité biblique. Il est tout en pierre, sans aucun revêtement, avec trois cuves de pierres carrées, chauffées à différents degrés, ou plutôt recevant des eaux naturellement chauffées à trois températures différentes.

Les amateurs médiocres ou les novices vont à la cuve chauffée à trente degrés.

Puis, successivement, de la cuve chauffée à trente, ils passent à celle qui est chauffée à trente-cinq, et de celle qui est chauffée à trente-cinq à celle qui est chauffée à quarante.

Les grands amateurs vont directement à la cuve chauffée à quarante degrés et s'y plongent bravement.

...... Je m'acheminai vers les trente degrés et j'y descendis timidement. Puis, des trente degrés, je passai progressivement, et sans trop de douleur, aux trente-cinq et aux quarante. C'était à ma sortie des quarante que m'attendaient les baigneurs.

... Mes deux exécuteurs me couchèrent sur un des lits en bois placés dans la salle, en ayant soin de me passer un tampon mouillé sous la tête et me firent allonger les jambes l'une contre l'autre et les bras le long du corps.

(1) A Gelatz, près de Koutaïs.

Alors chacun d'eux me prit un bras et commença de m'en faire craquer les articulations.

Le craquement commença aux épaules et finit aux dernières phalanges des doigts.

Puis des bras ils passèrent aux jambes. Quand les jambes eurent craqué, ce fut au tour de la nuque, puis des vertèbres, puis du dos, puis des reins.

... Cette première partie du massage terminée, mes deux baigneurs me retournèrent. Et tandis que l'un me tirait les bras de toute sa force, l'autre se mit à me danser sur le dos, laissant de temps en temps glisser sur mon râble — ma foi je ne trouve pas d'autre définition — ses pieds, qui retombaient sur la planche.

Cet homme, qui pouvait peser cent vingt livres, chose étrange, me paraissait léger comme un papillon. Il remontait sur mon dos, il en descendait, il y remontait, et tout cela formait une chaîne de sensations qui menaient à un incroyable bien-être. Je respirais comme je n'avais jamais respiré. Mes muscles, au lieu d'être fatigués, avaient acquis ou semblaient avoir acquis une incroyable énergie. J'aurais parié soulever le Caucase à bras tendu.

Alors mes deux baigneurs se mirent à me claquer, du plat de la main, les reins, les épaules, les flancs, les cuisses, les mollets, etc... J'étais devenu une espèce d'instrument dont ils jouaient un air et je suivais leur air en battant la mesure et sans m'écarter un instant du ton. J'étais exactement dans l'état de l'homme qui rêve, qui est assez éveillé pour savoir qu'il rêve, mais qui, trouvant son rêve agréable, fait tous ses efforts pour ne pas se réveiller complètement.

Enfin, à mon grand regret, l'affaire du massage fut terminée, et l'on passa à la dernière période, à celle du savonnage.

Un des deux hommes me prit par-dessous les bras et m'assit sur mon derrière, comme fait Arlequin à Pierrot quand il croit l'avoir tué. Pendant ce temps, l'autre chaussait sa main d'un gant de crin et me frottait tout le corps, tandis que le premier, puisant de pleins sceaux d'eau dans la cuve à quarante degrés, me les jetait à toute volée par les reins et sur la nuque.

Tout à coup l'homme au gant, trouvant que l'eau ordinaire ne suffisait plus, prit un sac. Je vis aussitôt ce sac s'enfler et suer une mousse savonneuse dans laquelle je me trouvai enseveli.

A part les yeux, qui me piquèrent un peu, je n'ai jamais trouvé plus douce sensation que celle produite par cette mousse me ruisselant sur le corps...

Tout couvert d'une mousse tiède et blanche comme du lait, légère et fluide comme de l'air, je me laissai conduire au bassin, où je descendis avec une attraction aussi irrésistible que s'il eût été peuplé des nymphes qui enlevèrent Hylas.

Ce ne fut que dans la cuve que je semblai me réveiller, et que je me remis, non sans quelque répugnance, en contact avec les objets extérieurs. Nous restâmes cinq minutes à peu près dans les cuves, et nous sortîmes.

De longs draps parfaitement blancs avaient été étendus sur les lits du vestibule, dont l'air froid nous saisit d'abord, mais pour nous donner une nouvelle sensation de bien-être.

Nous nous couchâmes sur ces lits et on apporta des pipes... Je comprends qu'on fume en Orient, là où le tabac est un parfum, là où la fumée passe à travers une eau embaumée et à travers des tuyaux d'ambre... Nous eûmes le choix entre le kalian, la chibouque et la houka. Et chacun, à sa fantaisie, se fit Turc, Persan ou Hindou.

MUSULMANE DE TIFLIS CHEZ ELLE.

... Pendant les six semaines que je restai à Tiflis, j'allai tous les deux jours aux bains persans (1). »

Mes lecteurs pardonneront ce long emprunt fait au maître conteur... J'ai retrouvé là mes impressions avec une telle exactitude, que j'ai prié Alexandre Dumas de vous les raconter... Vous n'avez pas perdu au change!

Vous parlerai-je à présent du restaurant oriental? Des amis me l'avaient cité comme une des originalités de Tiflis, où l'on trouvait servi à l'asiatique, tous les mets orientaux, depuis les confitures de rose et le rakloukoum qu'on mange à Ispahan et à Constantinople et les patisseries chères aux populations d'Orient, jusqu'à la viande de chameau accommodée à l'arabe; à la chair de cheval préparée à la mode turkomane, sans parler des viandes vulgaires de bœuf et de mouton mises en boulettes, apprêtées de toutes sortes de façons et parfumées au benjoin.

Voilà comment — imprudent — je me suis engagé le deuxième jour de mon séjour à Tiflis dans les sous-sols d'un vaste bâtiment qui fait précisément face à l'hôtel du Caucase.

(1) Alexandre Dumas: *Le Caucase*, volume II, pages 272 et suivantes.

Qu'allais-je trouver là? De la cuisine asiatique... Hum!... Mes

TISSAGE DES TAPIS. (ENVIRONS DE TIFLIS.)

souvenirs de Constantinople et de la cuisine turque auraient dû me mettre en défiance.

D'abord le *rehab*. Ce sont des petits morceaux de mouton grillé, rôtis à un feu vif, relevés de beaucoup de poivre et de clous de girofle, servis sur deux biscuits russes et gras : plat bon, disait spirituellement un de mes amis, « à servir pour la punition des fautes légères ». Puis le *pilaf*, plat oriental par excellence, composé de riz et de mouton; les bouillis de viande d'agneau et de mouton; les poissons cuits dans l'huile; les petites salades frites dans de la pâte; les compotes, les conserves, les ragoûts assaisonnés d'herbes aromatiques et qu'il faudrait affecter, disait le même ami, un à un à l'usage des récidivistes.

Cette abominable cuisine asiatique doit être prise à dose homéopathique, comme un curieux souvenir du voyage, par la certitude où l'on est de ne plus jamais en goûter de pareille!... Après tout, j'allais peut-être trouver mieux ici... Eh bien, non! Le restaurant oriental n'est qu'une affreuse gargotte où j'engage vivement les personnes qui iront à Tiflis à ne pas mettre les pieds. On vous y sert exclusivement de la cuisine russe *mal préparée* (!), dont le fond est constitué par les mouches de l'établissement. Je me suis demandé pourquoi il porte le nom de restaurant *Oriental?* Uniquement parce qu'il est à Tiflis, car autrement...

Aussi quel bon repas j'ai fait le soir même à l'hôtel, en compagnie de M. Eychenne. Il m'avait offert, la veille, chez lui, un excellent dîné, assaisonné du bon vin du Caucase fait par un vigneron français, d'esprit parisien, et des souvenirs piquants de sa vie de journaliste politique... La causerie s'est prolongée tard dans la soirée sans que je m'en sois aperçu! Ah! si M. Eychenne voulait, lui aussi, écrire ses « petits papiers », comme son maître et son ami Hector Pessard, quel succès je lui promets!

Si vous voulez apprécier les mérites de la cuisine française, même à Tiflis, allez prendre un repas au restaurant oriental!

Nous avions fait connaissance, depuis notre entrée en Russie avec les vins nationaux de Crimée, parmi lesquels les plants français rouges et blancs sont les plus renommés. Ces vins sont agréables à boire, de bonne couleur, de saveur sucrée, avec un léger goût de terroir qui contribue à leur donner un bouquet particulier... En arrivant au Caucase, nous avons trouvé les vins du pays, dont le caractère est le même. On est heureux, loin de France, de boire un vin généreux, qui vous repose de la bière allemande à laquelle on est condamné, sous peine de boire des mixtures sans nom, et d'un prix élevé, quand on traverse l'Europe centrale.

La plantation des vignes au Caucase, qui va en augmentant chaque année, est toute récente. Pourtant la tradition, les historiens même racontent que le Caucase produisait autrefois d'excellents vins. La conquête musulmane détruisit les vignobles, qui persistèrent seulement dans les vallées chrétiennes de la Géorgie. Mais la manière de faire le vin s'oublia vite. Le raisin seul fut un simple fruit. Les vignes avaient presque entièrement disparu du Caucase au commencement de ce siècle. Avec l'occupation russe, elles se sont très développées. A présent, les vins du Caucase commencent à avoir du renom. Ils sont, en effet, fort agréables à boire. Peuvent-ils se conserver? Sont-ils assez bien faits pour supporter, comme nos vins de France, un long voyage, sans se décomposer?

Un habitant de Tiflis m'a donné sur la fabrication des vins du Caucase d'assez curieux détails. La vendange est mise en de grandes jattes en terre cuite qui sont elles-mêmes enterrées dans le sol froid. On laisse le raisin pressé, qui a été cueilli avant sa maturité, fermenter peu de temps. Pour lui enlever son amertume, on y mélange des mûres, des baies de sureau. Pour le colorer davantage, on le charge de tanin. On voit que chez ces naïves populations du Caucase, la falsification des vins se pratique tout comme dans un pays civilisé. Qu'arrive-t-il après ces diverses triturations? Que le vin, agréable au goût, n'a pas de corps, qu'il est très froid et n'a pas fermenté. La vinification, en un mot, n'est pas faite. Aussi les vins du Caucase ne peuvent-ils supporter le voyage, qui, en les agitant, provoque leur décomposition. La moindre chaleur aigrit le vin. Les marchands de vin — ils sont nombreux à Tiflis, — sont obligés d'être en cave. Ils ne pourraient garder leur vin en magasin... Les vins du Caucase — dont on boit encore fort peu en Russie, — ne sont pas à redouter, quant à présent, pour l'exportation... En tous cas, les motifs que je viens de donner sont cause que je n'ai pas rapporté, comme j'en avais eu d'abord le désir, des vins du Caucase pour en faire boire à mes amis.

Il est un point très délicat, que je n'ai pas abordé encore, auquel furent consacrées mes dernières heures de Tiflis. Le voyage merveilleux d'Amérique, où, pendant quatre semaines les membres de la délégation française, outre les raffinements les plus délicats de la civilisation, eurent constamment à leur disposition au point de vue du confortable tout ce dont ils avaient besoin, jusqu'à des cigares, des rafraîchissements glacés et aussi du bismuth et des pastilles purgatives... m'avait absolument gâté (1).

(1) Le général Annenkoff qui vient de mourir, fut, au sens élevé de l'expression un des bienfaiteurs de l'humanité. Chef du département des transports militaires, en 1883, il construisit et en dépit des objections bureaucratiques, le réseau ferré qui sillonne aujourd'hui l'Asie centrale et qui doit contribuer à la prospérité de cette partie globe. Il n'est pas inutile de reproduire ici ce que nous écrivions à ce sujet en 1885 dans notre volume de l'Afghanistan.

« Il faut rendre cette justice à la Russie qu'elle sait mettre en valeur ses conquêtes. Or, dans toute entreprise coloniale fondée sur le succès des armes, la période la plus importante ne commence qu'à partir de l'annexion du pays conquis. C'est pour avoir négligé d'exploiter ses colonies de l'Inde et de l'Amérique septentrionale que la France les a perdues, et il est certain que le même sort l'attend dans l'Indo-Chine si elle ne s'applique pas, dès le lendemain de sa signature de la paix avec le gouvernement de Pekin à sillonner l'Annam et le Tonkin d'un réseau de communications desservant les divers centres de ce terri-

Tenant — je le tiens encore — le général Annenkoff pour un grand magicien, et confiant en l'assurance donnée par M. de Vogüé avant le départ de Paris — qu'une fois en Asie la compagnie du chemin de fer pourvoierait à tous nos besoins, j'étais parti de

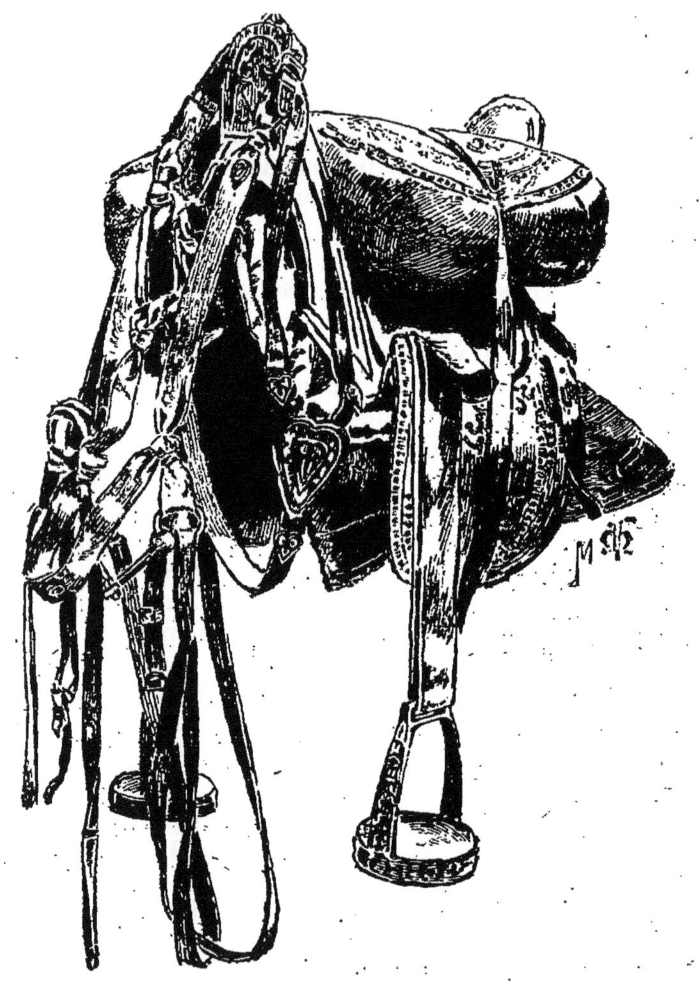

SELLE D'UN GUERRIER DU CAUCASE.

France avec une malle et un sac de voyage ne contenant rien autre chose que du linge et des vêtements.

toire et les reliant entre eux. (Ce vœu n'est réalisé qu'aujourd'hui, après quinze ans d'attente, par le vote de 200 millions accordés à M. Doumer pour les travaux des voies ferrées, qui ne seront achevés qu'au XXe siècle). L'exemple fourni par la Russie dans l'Asie Centrale est ici d'un grand prix. On ne saurait assez le méditer ni l'étudier de trop près.

« Il était évident pour le gouvernement de Saint-Pétersbourg, dès qu'il eut une vue claire de son objectif à l'est de la Caspienne, que tous ses desseins

Les trois jours passés à Tiflis ne m'auront pas été inutiles. Notre consul, M. Eychenne; M. Richard, le doyen de la colonie française au Caucase, négociant estimé qui a voyagé en Asie cen-

FEMME CAUCASIENNE.

rale où il y a des comptoirs à Askabad, à Merv et même à Samarkand, m'ont donné de sages conseils. »

dans cette direction devaient se trouver retardés ou peut-être empêchés par les entraves opposées à la circulation et surtout par les inévitables lenteurs des transferts. Ces faits reçurent une nouvelle confirmation, à la suite de la

— Bien que des achats considérables de provisions de toutes sortes aient été faits par les soins du général à Tiflis et à Bakou, n'oubliez pas que vous êtes en Asie.

« Le général ne sera sans doute pas toujours avec vous.. Apprenez que lorsqu'il est absent tout va mal... que le hasard n'est pas toujours le seul coupable! Les vivres, un jour, peuvent être en retard, manquer... Vous serez prudent, vous serez sage de vous munir à tout hasard de quelques provisions de bouche. Tant mieux si elles vous sont inutiles; tant mieux surtout si vous êtes obligé d'y avoir recours. »

Et voilà comment, écoutant les prudents avis d'hommes expérimentés, je me suis muni avant le départ de Tiflis d'un lot varié de

défaite du général Tromakine à Dengli-Tépé; on comprit dès ce moment que la revanche n'était pas possible si l'on ne pouvait dans un temps restreint, expédier à travers le désert situé entre la Caspienne et Kizilawat, des vivres et des munitions en quantité suffisante pour assurer le mouvement des troupes et la sécurité de leurs opérations.

« Plusieurs projets furent alors présentés. Les principaux furent ceux des généraux Petrusevitch, Tchernaieff et Annenkoff. Le premier avait pour objet d'établir un service de traction et de fourgons, complété par la construction d'un tramway. Le second consistait à relier la Caspienne à Kongrad, embouchure de l'Amon dans la mer d'Oral, en utilisant le cours du fleuve par la création d'une ligne de steamers destinés à entretenir des communications directes entre les oasis et la mer Caspienne. De l'Amon-Daria un chemin de fer partirait ensuite vers Tachkent, en ayant pour stations intermédiaires Bokhara, Samarkand, Khiva et Khodjend. Un embranchement se dirigerait sur Kokhan. Cette ligne pourrait se raccorder dans l'avenir à celle de Moscou, par un prolongement jusqu'à Orsk et Orenbourg, suivant un projet fourni par M. de Lesseps.

« Comme il arrive en beaucoup de cas, ces plans seraient demeurés dans les cartons, d'où sa bureaucratie, hostile à toute innovation, avait eu soin de ne pas les faire sortir, si un homme d'action n'avait démontré l'avantage immense que l'on pouvait tirer de la réalisation de cette idée Ce fut la seule ligne provisoire construite par Skobeleff avec les cent milles de rails sans emploi à Bender qui fit ouvrir les yeux aux stratégistes russes. Il ne restait plus, désormais, qu'à vaincre les prétentions de la bureaucratie, si puissante à Saint-Pétersbourg. Le général Annenkoff, envieux de mériter le nom de Lesseps russe, attaqua la difficulté de front. Il publia une brochure où il exposa son plan tout différent de celui de Tchernaieff, mais en somme plus pratique. La brochure passa dans beaucoup de mains, souleva beaucoup de critiques et eut un succès de ridicule. Mais le gouvernement russe laissa dire l'opinion et se mit à l'œuvre. La ligne ferrée fut bientôt complétée de Batoum à Bakou. Pendant ce temps, Annenkoff chargeait des ingénieurs de lever le plan du pays situé entre Kizil Awat et Askabad. On acquit ainsi la conviction que l'extension du chemin de fer transcaspien était possible. » Charles SIMOND.

L'Afghanistan. (Paris, LECÈNE et OUDIN.) — Ces indications et ces précisions sont aujourd'hui des faits. Le chemin de fer transcaspien n'est plus un projet. Il est devenu réalité, et voici, comme le dit M. Napoléon Ney, le transsibérien qui s'achève. « Cette dernière ligne aura été construite en dix années sous la haute direction d'un éminent homme d'Etat, le prince Kilkoff, collaborateur compétent et dévoué du général Annenkoff. Commencé en 1891, le transsibérien s'est poursuivi avec ténacité, silence, méthode, sans aucune interruption. Son terminus oriental vers la mer d'Okhosh fut inauguré par le grand-duc héritier, aujourd'hui S. M. Nicolas II, lors de son voyage autour du monde. Ces divers tronçons construits simultanément sur plusieurs points à la fois seront reliés entre eux dans les premiers mois de 1899. L'achèvement du transsibérien, long de 6,000 kilomètres, qui se raccordera avec le transcaspien et les chemins de fer russes de la Mandchourie vers Pékin coïncidera sans doute avec l'exposition universelle de Paris en 1900. » Napoléon NEY.

boîtes de conserves : bœuf en daube, veau rôti, thon mariné, paté de foie gras ; du sucre avec un kilo d'excellent thé : enfin de quoi ne pas mourir de faim dans la steppe... Que je me suis félicité plus tard d'avoir emporté ces provisions, qui furent si précieuses dans le désert de Kara-Koum !

Je prends un dernier bain persan... En rentrant à l'hôtel, je trouve un mot de M Eychenne m'apprenant que le colonel Niox et le commandant Bailloud viennent d'arriver de Wladikawkas et dînent à l'hôtel de Londres... où nous nous retrouverons tous à neuf heures.

Après avoir dîné en hâte, je fais conduire mon bagage à la gare par le drogman de l'hôtel, qui m'attendra, et j'arrive à l'hôtel de Londres, où j'ai le grand plaisir de trouver d'abord M. de Voguë, arrivé à l'instant, puis le bon colonel Niox, en excellente santé. Il me présente au commandant Bailloud, figure franche et ouverte, avec lequel la connaissance est vite faite, — avec lequel je suis sûr que je m'entendrai fort bien pendant le voyage. Au bout d'un instant paraît mon camarade de Saint-Cyr, Fernand d'Orval, intrépide voyageur, ex-lieutenant de cavalerie, qui est arrivé avec ces messieurs et vient de faire deux ou trois visites en ville. D'Orval en est à son troisième ou quatrième voyage au Caucase et a été invité par le général Annenkow à l'inauguration du chemin de fer de Samarkand.

Nous nous dirigeons tous ensemble vers la gare, et, après avoir cherché nos places pendant quelque temps dans le train spécial, nous quittons Tiflis le 20 mai à dix heures du soir.

Donnons ici quelques indications sur cet officier, l'un des plus distingués de l'armée russe. Il a fait une rapide carrière avant de diriger les travaux du chemin de fer transcaspien, il était chargé du service de la mobilisation au ministère de la guerre à Saint-Pétersbourg. Auparavant, il avait construit la ligne stratégique des chemins de fer lithuaniens, de Ialnia à Pinski, dans des conditions de difficultés particulières, avec une rapidité qui établit sa réputation d'ingénieur. Il demanda alors à faire campagne en Asie centrale et fut blessé aux côtés du général Skobeleff à la prise de Géok-Tépé. La sœur du général épousa, à Saint-Pétersbourg, le vicomte Melchior de Vogué qui, depuis, a quitté la diplomatie pour les lettres et fait aujourd'hui partie de l'Académie française. Le général Annenkoff, que j'eus l'honneur de rencontrer à Paris où il était venu voir sa sœur, alors dangereusement malade, nous raconta simplement, comme la chose la plus naturelle du monde, l'histoire fabuleuse du chemin de fer transcaspien, ruban de fer de près de 2,000 kilomètres à travers des déserts arides où j'ai marché pendant des semaines entières sans trouver un point d'eau. Il invita les dames et ses amis présents à venir assister à l'inauguration qui aurait lieu au printemps de 1888. Me prenant personnellement à partie, le général me fit l'honneur de m'engager d'une façon pressante à venir, si je le pouvais, assister à cette solennité. Je promis. A la fin d'avril, une très aimable dépêche du général, partie du fond de l'Asie, vint gracieusement me rappeler ma promesse. Je répondis que j'arrivais. Trois semaines après, j'étais en Asie Centrale, et nous voici au point de ralliement des invités, Tiflis, l'ancienne capitale de la Géorgie, que nous venons de visiter, mes lecteurs et moi.

Napoleon Ney.

TYPE DU CAUCASE.

www.ingramcontent.com/pod-product-compliance
Ingram Content Group UK Ltd.
Pitfield, Milton Keynes, MK11 3LW, UK
UKHW020224200726
13856UKWH00004B/1611

9 782013 076609